*Jean Jaurès*

# Patriotisme et internationalisme

*discours*

Jean Jaurès

# Patriotisme et internationalisme

*discours*

# Table de Matières

# Manifeste du Conseil national du Parti Ouvrier

LE

## CONSEIL NATIONAL
## DU PARTI OUVRIER

Aux Travailleurs de France

CAMARADES,

Dans leur rage impuissante contre la marche ascendante du Parti ouvrier, nos adversaires de classe ont recours à la seule arme qui leur reste : la calomnie. Ils sont en train de dénaturer notre internationalisme comme ils ont essayé de dénaturer notre socialisme. Et, bien que ceux qui affectent de nous présenter comme des *sans-patrie* soient les mêmes hommes qui, depuis un siècle, n'ont su que faire envahir et démembrer la patrie, livrée par leur classe au banditisme de la finance cosmopolite et exploitée jusqu'au sang de La Ricamarie et de Fourmies, pas plus que nous leur avons permis de confondre la solution collectiviste avec l'anarchie, cette caricature de l'individualisme bourgeois, nous ne les laisserons traduire notre glorieux cri de : *Vive l'Internationale !* par l'inepte hoquet de : *à bas la France !*

Non, l'internationalisme n'est ni l'abaissement, ni le sacrifice de la patrie. Les patries, lorsqu'elles se sont constituées, ont été une première et nécessaire étape vers l'unité humaine à laquelle nous tendons et dont l'internationalisme, engendré par toute la civilisation moderne, représente une nouvelle étape, aussi inéluctable. Et de même que la patrie française ne s'est pas organisée contre les différentes provinces qu'elle arrachait à un antagonisme caduc pour les solidariser, mais en leur faveur et pour leur plus libre et large vie, de même la patrie humaine que réclame l'état social de la production, de l'échange et de la science, ne s'opère pas, ne peut pas s'opérer aux dépens des nations de l'heure présente, mais à leur bénéfice et pour leur développement supérieur.

On ne cesse pas d'être patriote en entrant dans la voie internationale qui s'impose au complet épanouissement de l'humanité, pas plus qu'on ne cessait à la fin du siècle dernier d'être Provençal, Bourguignon, Flamand ou Breton en devenant Français.

Jean Jaurès

Les internationalistes peuvent se dire, au contraire, les seuls patriotes, parce qu'ils sont les seuls à se rendre compte des conditions agrandies dans lesquelles peuvent et doivent être assurés l'avenir et la grandeur de la patrie, de toutes les patries, d'antagoniques devenus solidaires.

En criant : *vive l'Internationale !* ils crient *vive la France du Travail !* vive la mission historique du prolétariat français qui ne peut s'affranchir qu'en aidant à l'affranchissent du prolétariat universel !

Les socialistes français sont encore patriotes à un autre point de vue et pour d'autres raisons : parce que la France a été dans le passé et est destinée à être dès maintenant un des facteurs les plus importants de l'évolution sociale de notre espèce.

Nous voulons donc — et ne pouvons pas ne pas vouloir — une France grande et forte, capable de défendre sa République contre les monarchies coalisées et capable de protéger son prochain 89 ouvrier contre une coalition, au moins aussi éventuelle de l'Europe capitaliste.

C'est la France qui, avec Babeuf, Fourier et Saint-Simon, a commencé l'élaboration des idées socialistes auxquelles Marx et Engels ont apporté leur couronnement scientifique.

C'est la France qui, après avoir déchaîné sur le monde la Révolution bourgeoise, préface indispensable de la Révolution prolétarienne, a été le grand champ de bataille de la *lutte de classe*, mettant sans compter au service de la rédemption du travail ses héroïques insurgés de Lyon (1832) et de Paris (1848 et 1871).

C'est la France qui, bien que décimée par les massacres versaillais, relevait en 1889, dans son immortel Congrès de Paris, le drapeau de l'Internationale tombé dans son propre sang et initiait les Premier-Mai : c'est elle qui, la première plantait sur les hôtels de ville enlevés à coup de bulletins de vote le rouge drapeau du prolétariat en marche vers la conquête du pouvoir politique.

Et c'est parce que son passé révolutionnaire répond de son avenir socialiste que lorsqu'elle s'est trouvée en péril, il y a vingt-trois ans, elle a vu accourir pour sa défense, sous les plis du drapeau tricolore, les internationalistes d'Italie, d'Espagne et d'ailleurs, pendant que la naissante démocratie socialiste allemande se mettait, au péril de sa liberté, en travers d'un démembrement aussi imbécile que criminel.

Mais, parce que nous sommes patriotes, nous ne voulons pas la guerre qui, quelle que soit son issue, ne ferait, contre l'Occident épuisé, que le jeu de la barbarie asiatique représentée par le tzarisme russe.

Nous voulons la paix, la paix à outrance, parce qu'elle travaille pour nous et contre la domination capitaliste et gouvernementale qu'il s'agit d'anéantir et qui ne peut prolonger sa misérable et néfaste existence que par la division et l'entr'égorgement des peuples.

Nous voulons la paix, parce que l'ordre bourgeois est condamné à en mourir.

Et maintenant que nous avons établi comment loin de s'exclure, patriotisme et internationalisme ne sont que deux formes, se complétant, du même amour de l'humanité, nous répétons bien haut à la face de nos calomniateurs :

Oui, le Parti ouvrier français ne fait qu'un avec le parti ouvrier belge contre la monarchie bourgeoise des Cobourg.

Oui, le Parti ouvrier français ne fait qu'un avec les travailleurs et les socialistes d'Italie contre la monarchie de Savoie.

Oui, le Parti ouvrier français ne fait qu'un avec le jeune et déjà si puissant Parti du Travail d'outre-Manche contre le constitutionnalisme oligarchique et capitaliste d'Angleterre.

Oui, nous ne faisons et nous continuerons à ne faire qu'un avec les prolétaires des deux mondes contre les classes dirigeantes et possédante de partout.

Et nous comptons sur nos camarades français, sur le peuple de l'atelier et du champ, pour se joindre au Conseil national du Parti dans ce double cri, le même :

Vive l'Internationale ! Vive la France !

Le Conseil national du Parti ouvrier

G. Crépin ; S. Deureure ; Ferroul, député,

Jules Guesde ; Paul Lafargue, député ;

Prévost ; Quesnel.

Paris, juillet 1893.

Jean Jaurès

## Patriotisme et internationalisme

*Séance du 7 Avril 1895*

**Jaurès.** Messieurs, je remercie d'abord la Chambre d'avoir bien voulu, malgré la fatigue de ce très important mais long débat, nous permettre, à mes amis et à moi, de nous expliquer à cette tribune, et j'ai encore besoin de faire appel, non pas à une indulgence à laquelle nous n'avons aucun droit, mais à toute votre équité ; car lorsque nous venons ici, au nom de l'idée socialiste, discuter avec vous le budget présent de la guerre, nous nous heurtons à de graves et particulières difficultés.

Il y a, en effet, dissentiment entre nous, non seulement sur le mode de répartition de détail de notre budget, non seulement sur tel ou tel point particulier de l'organisation militaire, mais sur les conceptions sociales qui déterminent le principe même de cette organisation.

C'est dire, messieurs, qu'il y a entre nous — et cela crée une grande difficulté de discussion — un désaccord fondamental et irréductible.

De plus je rencontre d'emblée — et je ne peux pas ne pas les rencontrer — des problèmes troublants, poignants même, à propos desquels, depuis deux années, de vives polémiques sont dirigées contres nous ; la guerre, le militarisme, l'idée que le prolétariat socialiste se fait de l'armée, de la patrie ; les rapports du socialisme français avec le socialisme international : l'aspect que prennent pour nous, pour notre parti, ces questions territoriales dont notre ami Vaillant parlait tout à l'heure ; ces questions, si redoutables qu'elles soient, nous ne pouvons, nous ne devons pas les éluder. Elles sont posées devant le pays, elles doivent être posées devant le Parlement.

Et, messieurs, si vous suivez de près, comme vous l'avez fait assurément, les grandes discussions qui se produisent dans les Parlements étrangers, vous verrez que partout, à Londres, à Rome, à Berlin, à Vienne, à Budapest, il est parlé de toutes choses, et, en particulier, des choses de la France, avec une entière liberté ; il y est parlé de notre pays, de nos gouvernants, de nos chefs d'État, de nos institutions, du mouvement de notre politique intérieure, de la répercussion que cette politique intérieure de la France peut avoir sur l'ensemble des affaires européennes. Il me semble que la même liberté de discussion fondamentale doit être assurée ici (*Très bien ! Très bien ! à l'extrême gauche*).

Et si quelques-uns nous opposent, dans un scrupule de prudence patriotique, qui ne nous est pas étranger, croyez-le bien, que ce sont de douloureux souvenirs d'il y a vingt-cinq ans qui nous conseillent à tous ou cet excès de réserve ou cet excès de susceptibilité, je répondrai très nettement que notre pays, dans les épreuves qu'il a traversées, a peut-être perdu quelque chose de sa substance, mais qu'il n'a rien perdu, rien laissé de sa puissance réelle, de sa fierté, de son droit plein à la liberté et à la vie (*Applaudissements*).

Messieurs, vous voulez la paix ; vous la voulez profondément. Toutes les classes dirigeantes de l'Europe, les gouvernements et les peuples la veulent aussi visiblement avec une égale sincérité.

*Un membre à gauche.* Ou inégale ! (*Mouvements divers*).

**Jaurès.** Et pourtant, dans cet immense et commun amour de la paix, les budgets de la guerre s'enflent et montent partout d'année en année, et la guerre, maudite de tous, redoutée de tous, réprouvée de tous, peut, à tout moment, éclater sur tous.

D'où vient cela ? Au risque de vous paraître affligé de la plus cruelle monotonie, je dois dire ici tout d'abord qu'elle est, selon nous, la raison profonde de cette contradiction, de ce perpétuel péril de guerre au milieu de l'universel désir de la paix. (*Mouvements divers*). Tant que, dans chaque nation, une classe restreinte d'hommes possédera les grands moyens de production et d'échange, tant qu'elle possédera ainsi et gouvernera les autres hommes, tant que cette classe pourra imposer aux sociétés qu'elle domine par sa propre loi, qui est la concurrence illimitée, la lutte incessante pour la vie, le combat quotidien pour la fortune et pour le pouvoir ; tant que cette classe privilégiée, pour se préserver contre tous les sursauts possibles de la masse, s'appuiera ou sur les grandes dynasties militaires ou sur certaines armées de métier des républiques oligarchiques ; tant que le césarisme pourra profiter de cette rivalité profonde des classes pour les duper et les dominer l'une par l'autre (*Applaudissements à l'extrême gauche*), écrasant au moyen du peuple aigri les libertés parlementaires de la bourgeoisie, écrasant ensuite au moyen de la bourgeoisie gorgée d'affaires le réveil républicain du peuple ; tant que cela sera, toujours cette guerre politique, économique et sociale des classes entre elles, des individus entre eux, dans chaque nation, suscitera les guerres armées entre les peuples. (*Très bien ! très bien ! sur divers bancs*). C'est de la division profonde des classes et desintérêts dans chaque pays que sortent les conflits entre les nations.

Depuis un siècle c'est la Pologne aboutissant par la guerre de ses paysans et de ses nobles à la guerre étrangère. C'est la France révolutionnaire jetant un défi à l'Europe, d'abord pour répondre aux trahisons sourdes des privilégiés, puis pour mieux se débarrasser, dans une crise exaspérée, de ses nobles et de ses rois ; c'est l'aristocratie anglaise armant contre nous, pour sauver ses privilèges et ses grands fiefs coloniaux, toutes les forces monarchiques et féodales de l'Europe. C'est Napoléon continuant et amplifiant la guerre au-delà du nécessaire et du juste, par instinct je le veux bien, par habitude peut-être et par ennui, mais aussi pour continuer son absolutisme qui se serait forcément détendu dans la paix, et pour faire du peuple idéaliste et violent de la Révolution une démocratie héroïque et subalterne.

Plus tard, ce sont les aventuriers de Décembre, jouant d'une main tremblante et vieillie la France sur une suprême partie de dés ; et c'est la noblesse militaire Prusse conduite par les Hohenzollern, imposant en Allemagne, par sa victoire sur la France, sa domination politique et sociale et imprégnant de militarisme féodal l'unité allemande qui aurait pu s'accomplir par d'autres voies.

Partout ce sont ces grandes compétitions coloniales ou apparaît à nu les principes mêmes des grandes guerres entre les peuples européens, puisqu'il suffit incessamment de la rivalité déréglée de deux comptoirs ou de deux groupes de marchands pour menacer peut-être la paix de l'Europe.

Et alors, comment voulez-vous que la guerre entre les peuples ne soit pas tous les jours sur le point d'éclater ? Comment voulez-vous qu'elle ne soit pas toujours possible, lorsque dans nos sociétés livrées au désordre infini de la concurrence, aux antagonismes de classes et à ces luttes politiques qui ne sont bien souvent que le déguisement des luttes sociales, la vie humaine elle-même en son fond n'est que guerre et combat ?

Ceux qui, de bonne foi, s'imaginent vouloir la paix lorsqu'ils défendent contre nous la société présente, lorsqu'ils la glorifient contre nous, ce qu'ils défendent en réalité, sans le vouloir et sans le savoir, c'est la possibilité permanente de la guerre ; c'est en même temps le militarisme lui-même qu'ils veulent prolonger.

Car cette société tourmentée, pour se défendre contre les inquiétudes qui lui viennent sans cesse de son propre fonds, est obligée perpétuellement d'épaissir la cuirasse contre la cuirasse ; dans ce siècle de concurrence entre les armées et surproduction militaire ; l'industrie elle-même étant un combat, la guerre devient la première, la plus excitée, la plus fiévreuse des industries (*Très bien ! très bien ! à l'extrême gauche*).

Et il ne suffit pas aux nations de s'épuiser ainsi à entretenir les unes contre les autres des forces armées ; il faut encore – et ici je demande la permission de dire nettement ma pensée – que les classes privilégiées, possédantes de tous les pays, isolent le plus possible cette armée, par l'encasernement et par la discipline de l'obéissance passive, de la libre vie des démocraties. (*Applaudissements à l'extrême gauche. Interruptions au centre*).

On ne nous a pas caché depuis vingt ans que c'était là aujourd'hui, en Europe, la conception des armées de métier. L'Assemblée nationale acclamait l'illustre rapporteur de la loi militaire disant : « Quand on parle d'armée, il ne faut plus parler de démocratie » ; et elle couvrait de huées le défenseur de Belfort, Denfert-Rochereau, réclamant contre le dogme de l'obéissance passive. (*Très bien ! très bien ! à l'extrême gauche.*)

Et au moment même où, de l'autre côté de la frontière, un empereur d'armée disait récemment à ses soldats qu'il avait désormais besoin surtout de leur fidélité contre l'ennemi intérieur et qu'ils devaient être prêts à tirer sans hésitation et sans faiblesse, sur leurs pères et sur leurs frères enrôlés par la démocratie sociale, à ce moment même ou quelques jours après, dans cette discussion, on nous signifiait — et je remercie l'orateur du parti conservateur comme je l'avais remercié l'autre jour, de sa sincérité et de sa franchise — on nous signifiait que l'armée était la grande sauvegarde au dehors et au dedans, nous avons alors compris ce que cela voulait dire.

Et voilà comment, messieurs, vous aboutissez à cette double contradiction : d'une part, tandis que tous les peuples et tous les gouvernements veulent la paix, malgré tous les congrès de philanthropie internationale, la guerre peut naître toujours d'un hasard toujours possible ; et, d'autre part, alors que s'est développé partout l'esprit de démocratie et de liberté, se développent aussi les grands organismes militaires qui, au jugement des penseurs républicains qui ont fait notre doctrine, sont toujours un péril chronique pour la liberté des démocraties. Toujours votre société violente et chaotique, même quand elle veut la paix, même quand elle est à l'état d'apparent repos, porte en elle la guerre, comme la nuée dormante porte l'orage. (*Très bien ! très bien ! à l'extrême gauche.*)

Messieurs, il n'y a qu'un moyen d'abolir enfin la guerre entre les peuples, c'est d'abolir la guerre entre les individus, c'est d'abolir la guerre économique, le désordre de la société présente, c'est de substituer à la lutte universelle pour la vie — qui aboutit à la lutte universelle sur les champs de bataille — un régime de concorde sociale et d'unité.

Et voilà pourquoi, si vous regardez, non pas aux intentions, qui sont toujours vaines, mais à l'efficacité des principes et à la réalité des conséquences logiquement, profondément, le parti socialiste est dans le monde aujourd'hui le seul parti de la paix. (*Applaudissements à l'extrême gauche*).

Et ne croyez pas, messieurs, lorsque nous affirmons ici notre haine de la guerre, ne croyez pas que nous soyons résignés pour notre pays à la brutalité des faits accomplis (*Très bien ! très bien ! à l'extrême gauche,*)

*À gauche.* À la bonne heure !

**Jaurès.** Nous n'oublions pas, nous ne pouvons pas oublier. (*Applaudissements à l'extrême gauche,*)

Je ne sais si quelqu'un oublie, mais ce n'est pas nous ! Le chancelier de Caprivi, qu'on a beaucoup cité ces jours-ci, et que je veux citer à mon tour, disait, dans cette langue réaliste des hommes d'État allemands, au cours de la discussion sur la loi militaire, et pour établir l'incontestable sincérité de ses sentiments pacifiques :

« La nation allemande est rassasiée. »

Nous sommes, messieurs, dans la nécessité douloureuse de dire : la nation française est mutilée. (*Très bien ! Très bien ! Mouvement*).

Nous n'oublions pas la blessure profonde reçue par la patrie, parce qu'elle est est en même temps une blessure profonde reçue par le droit universel des peuples. (*Applaudissements sur divers bancs*).

Mais si nous ne nous reconnaissons pas le droit d'oublier, nous ne nous reconnaissons pas et nous ne reconnaissons à personne le droit de haïr, car notre pays même, si noble et si bon qu'il soit, a eu lui aussi, et c'est notre honneur de pouvoir le dire, il a eu lui aussi dans le passé et à l'égard même du peuple que vous savez de longues heures de brutalité et d'arbitraire domination. Et dans les fautes des autres peuples nous reconnaissons trop les fautes du nôtre pour que notre patriotisme même nous permette de nourrir de meurtrières inimitiés. Ni haine, ni renoncement ! Voilà notre devise. (*Applaudissements à l'extrême gauche*).

Contre l'atteinte portée au droit nous ne protestions pas seulement comme Français, entendez-le bien ! subissant un déchirement intime dans le déchirement commun de la patrie ; nous protestons aussi comme socialistes. Il est intolérable, au moment ou le socialisme veut affranchir toutes les volontés humaines, qu'il y ait des volontés françaises séparées violemment du groupe historique dont elles veulent faire partie. (*Nouveaux applaudissements sur les mêmes bancs.*)

Et si nous combattons, si nous poursuivons le capitalisme, c'est parce qu'il donne à l'homme prise sur l'homme ; si nous combattons dans cette force du capital la prolongation du vieil esprit de domination et de conquête sous sa forme la plus brutale, quand il fait ouvertement violence à la conscience des peuples et quand il coupe en deux par l'épée des âmes qui veulent rester unies. (*Très bien très bien !* )

Si nous combattons le militarisme, ce n'est pas pour lui laisser son dernier trophée. Dans nos conflits intérieurs, dans nos grèves, dans nos luttes économiques, nous nous indignons quand le soldat de France est exposé à tirer sur ses frères. Mais à quoi donc sont exposés ceux qui sont enrôlés ailleurs par le militarisme impérial, sinon à tirer un jour sur des frères ?

Voilà pourquoi je tiens à le dire du haut de la tribune. Il n'y a pas dans la conscience socialiste du prolétariat universel une seule protestation contre le régime capitaliste qui ne condamne en même temps par une logique invincible les annexions violentes pratiquées sur des peuples qui n'acceptent pas l'autocratie militaire de l'étranger (*Applaudissements à l'extrême gauche.*)

Mais ce n'est pas dans la guerre de revanche qu'est la solution. (*Nouveaux applaudissements.*)

**M. Marcel Habert.** C'est une protestation platonique alors !

**M. Jaurès.** La guerre de revanche ne peut avoir d'autres effet que de transformer de nouveau en champ de massacres, de sang et de ruines, les provinces disputées ; elle ne peut avoir d'autre effet, par le renouvellement incessant des luttes, que d'exaspérer ces passions qui aboutissent de part et d'autre à des convulsions sans fin ; elle ne peut avoir d'autre effet que d'imposer à deux peuples à perpétuité, par l'urgence perpétuelle du péril, la dictature militaire, et si la patrie ne périssait pas dans la défaite, la liberté pourrait périr dans la victoire. (*Applaudissements à l'extrême gauche.*)

Non, messieurs, la solution n'est pas là. Elle est, non seulement pour ceux qui sont séparés de nous, mais pour tous les autres peuples de la conquête, elle est dans le développement de la liberté politique et de la justice sociale en Europe.

Ah ! il n'y a aucun rapport entre l'Alsace-Lorraine qui sent battre à côté d'elle, comme un grand cœur qui ne s'arrêtera jamais, le peuple dont elle a été retranchée violemment, et cette Irlande qui n'a aucun point d'appui national hors d'elle-même, ou cette Pologne démembrée qui serait morte depuis longtemps si la vie profonde des peuples avait besoin d'un organisme visible pour subsister silencieusement.

Et pourtant même pour ces absorbées, même pour ces démembrées, même pour ces dévorés se préparent à l'heure présente et s'accomplissent les lentes réparations, par le seul progrès des libertés générales.

**M. Gauthier** (de Clagny). C'est trop long et nous ne voulons pas attendre si longtemps.

**Jaurès.** À mesure que les gouvernements ont à compter de plus en plus avec la force de l'opinion, à mesure surtout que le suffrage universel se développe sur l'Europe — il a conquis la Belgique, demain il va conquérir l'Autriche-Hongrie, ailleurs peut-être il s'introduira sous d'autres formes — tous les groupes d'intérêts, tous les groupes de sympathie, toutes les idées, toutes les forces d'un peuple sont appelées à la vie publique et à la vie légale et même les conquis deviennent une force devant laquelle le conquérant est forcé de capituler parfois, avec laquelle il est obligé de compter toujours, et les vaincus avec lesquels le vainqueur est obligé de compter ne sont plus tout à fait des vaincus.

La tactique des peuples opprimés change aujourd'hui par la nature des choses, comme la tactique du prolétariat lui-même. De même que le prolétariat a renoncé à la guerre des rues désormais inefficace pour marcher, par l'organisation de ses forces économiques et politiques, à la conquête du pouvoir, de même les peuples conquis, opprimés et foulés renoncent aux soulèvements armés de jadis pour utiliser au profit de leur indépendance nationale les libertés politiques croissantes. (*Applaudissements à l'extrême gauche.*)

Nous ne sommes plus au temps où l'Irlande écoutait tous les bruits de guerre de l'Europe et attendait le débarquement de l'étranger qui devait la libérer de l'occupant. Nous ne sommes plus au temps où Mickiewicz terminait son *Livre des Pèlerins* par cette formidable prière : « Et la guerre universelle pour notre libération, donnez-nous-la, Seigneur ! » Non ! Mais lorsque l'Irlande, au Parlement même de Londres, fait et défait les majorités, lorsqu'elle donne et retire le pouvoir, lorsque les trois maîtres de la Pologne, à la même heure, pour conserver leur pouvoir sur l'opinion ou pour leurs combinaisons parlementaires, sont obligés de caresser à la fois le sentiment national polonais, lorsqu'ils ressuscitent ainsi, par la simultanéité forcée et étrange de leur démarche, l'unité visible du peuple qu'ils s'étaient partagé, j'ai le droit de dire que la justice immanente a aujourd'hui en Europe d'autres moyens et d'autres voies que la guerre. (*Vifs applaudissements à l'extrême gauche.*)

La nation conquérante ne peut développer ses propres libertés qu'en les communiquant aux conquis, aux vaincus eux-mêmes ; et comme ceux-ci sont un peuple par les idées, par les sentiments, par les traditions et par les espérances, par les affinités qui les relient aux groupes historiques dont ils ont été séparés, toujours vous voyez sur le fond même des luttes parlementaires se dessiner des figures de peuples, et il y aura d'étranges et de profonds remaniements de nations avant qu'aucune carte les ait signalés.

Et puis, messieurs, ce n'est pas seulement le développement de la justice sociale qui abolira les iniquités de nation à nation, comme les iniquités d'individus à individus. De même qu'on ne réconcilie pas des individus en faisant simplement appel à la fraternité humaine, mais en les associant, s'il est possible, à une œuvre commune et noble, où, en s'oubliant eux-mêmes, ils oublient leur inimitié, de même les nations n'abjureront les vieilles jalousies, les vieilles querelles, les vieilles prétentions dominatrices, tout ce passé éclatant et triste d'orgueil et de haine, de gloire et de sang, que lorsqu'elles se seront proposé toutes ensemble un objet supérieur à elles, que quand elles auront compris la mission que leur assigne l'histoire, que Chateaubriand leur indiquait déjà il y a un siècle, c'est-à-dire la libération définitive de la race humaine qui, après avoir échappé à l'esclavage et au servage, veut et doit échapper au salariat. (*Applaudissement à l'extrême gauche.*)

Dans l'ivresse, dans la joie de cette grande œuvre accomplie ou même préparée, quand il n'y aura plus domination politique ou économique de l'homme sur l'homme, quand il ne sera plus besoin de gouvernements armés pour maintenir les monopoles des classes accapareuses, quand la diversité desdrapeaux égaiera sans la briser l'unité des hommes, qui donc alors, je vous le demande, aura intérêt à empêcher un groupe d'hommes de vivre d'une vie plus étroite, plus familière, plus intime, c'est à dire d'une vie nationale, avec le groupe historique auquel le rattachent de séculaires amitiés ? (*Nouveaux applaudissements sur les mêmes bancs.*)

**Jaurès.** Et comme c'est la classe des salariés, comme c'est en tout pays, la classe prolétarienne qui pressent le mieux l'ordre nouveau, parce qu'elle souffre le plus de l'ordre présent, comme c'est elle qui dès aujourd'hui prépare le mieux l'accord international du prolétariat, avec elle et comme elle, nous sommes internationaliste pour préparer l'abolition des iniquités sociales, qui sont la cause des guerres, et l'abolition des guerres qui sont le prétexte des armées.

Mais, en attendant cette réalisation de la paix internationale par l'unité socialiste, il est du devoir de tous les socialistes, dans tous les pays, de protéger chacun leur patrie contre toutes les agressions possibles. (*Exclamations au centre. — Très bien ! très bien ! à l'ex-*

*trême gauche.*)

Je m'étonne des marques de satisfaction étonnés qui semblent accueillir ces paroles, comme si l'on avait jamais pu sérieusement et honnêtement nous prêter une autre pensée. (*Très bien ! très bien à l'extrême gauche.*)

**M. Ribot**, *président du conseil, ministre des finances.* Vous auriez dû commencer par là.

**Jaurès.** Pourquoi ?

**M. le président du conseil.** Parce que nous discutons le budget de la guerre et que c'est une œuvre nationale que nous faisons.

**Jaurès.** Et alors, de ce point de vue où nous sommes placés, nous venons de dire que l'organisation présente de la force défensive de la France ne répond pas aux nécessités actuelles ; nous venons vous dire, nous emparant des déclarations faites par les orateurs de la droite et des déclarations plus graves faites par le rapporteur lui-même du budget de la guerre, qu'en ce moment vos institutions militaires subissent une crise profonde qu'il faut dénouer. Pourquoi ? Parce qu'elles sont dominées par deux grands faits contradictoires que j'indique d'un mot.

D'une part, la proportion de l'armée encasernée à l'effectif total de l'armée va sans cesse en décroissant, et, d'autre part, par une sorte de superstition, par une sorte de survivance étrange d'une conception surannée, c'est sur cette partie de l'armée encasernée qui est aujourd'hui la moindre, que vous concentrez votre principal effort de dépenses budgétaires et d'organisation, laissant sans organisation suffisante, sans cadres suffisamment puissants, cette grande armée des réserves, qui est, aujourd'hui, la partie maîtresse de l'armée nationale. (*Applaudissements à l'extrême gauche*).

M. Raiberti et M. Cavaignac ont caractérisé avec force l'évolution de tout notre système militaire, et cette évolution est celle-ci : réduction croissante de la proportion de l'effectif encaserné, par rapport à l'effectif total. Sous la loi de 1832, le soldat fait sept ans. Quand il les a faits, il ne doit plus rien même en cas de guerre, car la garde nationale était soigneusement oubliée dans la pratique.

On peut dire que toutes l'armée, sous la loi de 1832, est dans les casernes.

Arrive la loi de 1868 ; elle réduit la durée du service à la caserne à cinq ans ; elle crée une réserve de quatre ans et en même temps elle crée une garde nationale mobile dans laquelle on commence à entrevoir confusément les grandes armées sédentaires et mobilisables que réalisera l'avenir prochain. Mais alors, vous le voyez, l'encasernement occupe encore, sous la loi de 1868, la moitié de la durée du temps obligatoire du service.

Intervient la loi de 1872 ; elle porte la durée totale du service à vingt ans ; et sur ces vingt ans il n'y a en moyenne, grâce aux deux portions du contingent que quatre années à la caserne, et l'encasernement n'occupe plus maintenant qu'un cinquième de la durée totale du service obligatoire.

Arrive la loi de 1889 ; elle étend d'abord la durée du service obligatoire de vingt ans à vingt-cinq ans, et elle réduit le durée maximum de la présence à la caserne à trois ans, en moyenne à deux ans. En sorte qu'ici la durée de l'encasernement n'occupe plus qu'un douzième ou un quatorzième à peine de la durée totale du service, et, comme M. Cavaignac le remarquait — et M. Raiberti aussi — ce n'est pas seulement la proportion dans la durée qui change, c'est la proportion dans la quantité des effectifs.

Sur les 3 millions de combattants que la France devrait mettre en ligne au jour du péril, il n'y en a que 400 ou 500,000 dans la caserne, c'est à dire le sixième à peine de notre armée ; et ces réserves ne sont plus une force tout à fait fictive et tout à fait nominale, vous avez la prétention, par elles, comme M. Raiberti l'expliquait si bien l'autre jour, de créer des unités nouvelles. Et ce mouvement ne s'arrêtera pas, et vous allez être obligés, quoiqu'on en ait dit tout à l'heure et malgré les réserves faites par M. le ministre de la guerre, vous allez être obligés de suivre l'exemple de l'Allemagne en instituant le service maximum de deux ans.

Ah ! je sais bien qu'on allègue que nous ne sommes pas, à cet égard, dans les mêmes conditions que l'Allemagne, puisqu'elle n'a réalisé le service de deux ans que pour pouvoir saisir une partie de l'effectif qu'elle ne saisissait pas encore et que notre contingent, plus réduit, est déjà saisi tout entier. Mais d'abord prenez-y garde ; il n'y a peut-être là qu'une apparence. Même avec une population stationnaire, il faut espérer que notre contingent d'hommes valides ira croissant, et c'est là l'ambition de toutes les législatures républicaines. À mesure que se développent, que se développeront et que produiront leurs effets les lois d'hygiène sociale et ouvrière (*Applaudissements à l'extrême gauche*) ; à mesure que vous protégerez plus efficacement les travailleurs de l'industrie contre l'insalubrité du logement et contre l'insalubrité de l'usine ; à mesure que les familles pauvres seront déchargées du fardeau des impôts de consommation qui diminuent les moyens de bien-être et la force santé, votre contingent d'hommes valides à incorporer ira croissant, et, par son entraînement heureux, le bien apporté à la condition des populations ouvrières aura accru les forces mêmes de la race et les forces défensives du pays (*Applaudissements à l'extrême gauche.*)

Par conséquent, il faudra vous préoccuper, vous aussi, de faire passer, par votre éducation de la caserne, un nombre croissant de conscrits. Et, de plus est-ce qu'on s'imagine, quoique l'Allemagne ait institué le service de deux ans surtout pour incorporer une part d'effectif qui lui échappait, est-ce qu'on s'imagine qu'avant de l'accepter, elle ne s'est pas assurée que la qualité de ses troupes et la qualité de l'éducation militaire n'en subiraient pas une diminution. Vous ne ferez pas accepter longtemps à ce pays, si patriote qu'il soit, — mais accablé de trop de charges nécessaires pour se prêter aux charges arbitraires et inutiles — vous ne lui ferez pas accepter que, si le service de deux ans ne réduit pas la qualité des soldats de l'autre côté de la frontière, il doive la réduire de ce côté-ci. (*Très bien ! très bien ! à l'extrême gauche*).

Et puis, on va nous opposer — et M. Delafosse l'a fait par avance — que nous cédons à je ne sais quelle préoccupation d'égalité en quelque sorte mathématique et mécanique, et on oppose à ce souci français de l'égalité abstraite, arithmétique, mécanique, la méthode allemande qui, elle, ne fait varier la loi militaire que dans la mesure des besoins et des nécessités militaires, avec des préoccupations beaucoup plus concrètes.

Eh bien ! c'est là une erreur et un préjugé. Dans toutes ces discussions vous exagérez la différence des peuples et des races. En ce moment-ci, la nation allemande est aussi jalouse d'égalité mathématique, d'égalité palpable, je dirai si vous le voulez monsieur Delafosse, d'égalité brute, que la nation française.

Jean Jaurès

Et le même favoritisme, qui peut être ici développé par les inégalités de la loi militaire, s'était développé en Allemagne. Et c'est — j'ai recueilli ces renseignements dans le discours même du chancelier — c'est parce que par le renvoi anticipé des soldats dont l'instruction était supposée parfaite, il y avait favoritisme, c'est parce que les soldats allemands étaient renvoyés avant l'heure sans être suffisamment préparés, mais seulement à cause des relations des officiers et des familles, que le chancelier de Caprivi a demandé que le service militaire et unique fût fixé à deux ans.

Or, en France vous vous trouvez depuis la loi de 1889, par l'exagération systématique du jeu des dispenses, en face d'un développement nouveau de favoritisme et d'inégalités.

On avait dit : On sera dispensé si l'on est licencié, si l'on est ouvrier d'art, si l'on est de telle ou telle école, si l'on prépare le doctorat en droit ; et aussitôt tous ceux qui n'avaient besoin ni de la licence, ni du doctorat en droit et qui n'avaient jamais été que nominalement des ouvriers d'arts, ont élargi la porte des dispenses que vous aviez ouverte (*Applaudissements à l'extrême gauche*), et une grande partie de la bourgeoisie a échappé en fait à la seule loi d'égalité prétendue qui ait été édictée depuis vingt ans. (*Nouveaux applaudissements à l'extrême gauche*).

Lorsque, l'autre jour, l'honorable M. Mézières venait signaler l'abaissement du niveau de la licence, je suppose qu'il parlait comme professeur de Sorbonne, mais qu'il parlait davantage encore comme président de la commission de l'armée, constatant qu'on élargissait encore une fois tous les prétextes et toutes les occasions de dispenses pour fausser l'esprit de la loi d'apparente égalité qui avait été votée. (*Applaudissements à l'extrême gauche*).

Pour toutes ces raisons, vous serez obligés d'aboutir au service maximum de deux ans, que vous le vouliez ou non, et ainsi se continuera — et elle ne s'arrêtera pas là — l'évolution irrésistible qui diminue la proportion totale de l'effectif. Il n'y aura pas contre ce mouvement de retour possible.

Il n'y aura pas de réaction possible contre ce mouvement, monsieur Delafosse.

On peut bien ici, dans les hypothèses de tribune, faire appel à un nouvel Alexandre ou à un nouveau César qui, avec quelques légions ou quelques phalanges, balayeraient de nouveau les grandes cohues des armées modernes. On peut bien rappeler le témoignage d'orgueil que se rendaient les Romains d'avoir vaincu, avec un petit nombre de combattants, *paucitas romana*, toutes les foules du globe ; mais vous ne referez pas le système des armées antiques ou des armées de métier, parce que, aujourd'hui, les nations, par le perfectionnement de leur administration et de leurs finances, sont en état de saisir et de mobiliser tous les citoyens, et qu'étant en état de les saisir et de les mobiliser tous, elles sont obligées de les saisir et de les mobiliser tous (*Applaudissements à l'extrême-gauche*). Toute ressource possible devient une ressource nécessaire (*Nouveaux applaudissements sur les mêmes bancs*). Et, dans des guerres où l'existence tout entière de la nation sera en jeu, chaque nation voudra mettre sa force tout entière.

Aussi, si ce nouvel Alexandre dont vous parlez venait, il essaierait, non pas de revenir aux petites armées macédoniennes, mais d'utiliser au maximum, en les passionnant de son génie, les forces innombrables des armées nationales. Permettez-moi de vous le dire, et cela je le dis respectueusement, c'est le devoir des officiers de notre armée, non pas, par une modestie impuissante, de revenir au système des armées antiques ou des petites armées de métier, mais de se mesurer hardiment par d'héroïques efforts d'esprit et de travail avec l'immense difficulté des armées modernes. Qui parle trop d'Alexandre risque fort d'oublier de Moltke, et cela n'est pas très rassurant. (*Applaudissements à l'extrême gauche*).

Donc, messieurs, voilà la situation contradictoire où est en ce moment-ci votre organisation militaire : d'une part, il n'y a qu'une proportion décroissante de l'effectif dans vos casernes, parce que toute votre armée réelle et efficace est au dehors ; et je ne comprends pas qu'on vienne dire — il m'avait semblé le comprendre dans les paroles de M. Delafosse et aussi dans celles du Gouvernement — je ne comprends pas qu'on vienne dire que le premier choc décidera de la destinée de la nation.

Eh oui ! il faut mettre, si on le peut, de son côté les premières victoires ; mais il ne faut pas dire à ce peuple, qui tant de fois s'est relevé du premier choc de la défaite (*Applaudissements à l'extrême gauche*), que toute la guerre est dans les premières batailles, que toute la patrie est dans les premiers bataillons. Il faut lui donner, au contraire, par une organisation appropriée de cette immense armée de réserve, le sentiment vrai, permanent, familier, qu'il y a derrière les premiers bataillons une immense réserve de forces défensives que les premiers échecs n'entameraient pas, qui ne serait jamais épuisée, et qui finirait par lasser la patience et l'obstination de l'envahisseur. (*Applaudissements à l'extrême gauche*).

Et alors, je vous demande, puisque en fait, au point de vue numérique, au point de vue de la force de combat, l'axe de votre armée s'est déplacé peu à peu, puisque ce qu'on appelait l'armée active est devenu ce qu'on appelle la réserve, puisque cette réserve, tout à la fois sédentaire et mobilisable, est maintenant votre véritable armée active, pourquoi ne pas porter hors de la caserne votre principal effort de dépense et d'organisation militaire ? Et pour cela, d'abord, sans entrer dans des détails prématurés, il faut renoncer à cet esprit de défiance envers la démocratie et la nation elle-même, qui a fait repousser par le Sénat le système du recrutement régional.

Oui ! c'est une chose étrange ! Au moment où l'on dit que tout doit être subordonné à la défense du pays, au moment où l'on va retirer à de grandes catégories de travailleurs le droit commun dont ils jouissaient, sous prétexte de défense nationale, que fait-on ? On diminue, de l'aveu de tous, la rapidité de la mobilisation, pour ne pas laisser l'armée en contact immédiat avec la population ouvrière. (*Très bien ! très bien ! à l'extrême gauche*).

Eh bien, nous vous demandons, non seulement d'entrer dans cet esprit du recrutement régional, mais d'en faire, autant que possible, un recrutement cantonal et communal… (*Rumeurs sur divers bancs. — Applaudissements à l'extrême gauche*)… de faire, le plus possible, que notre armée soit l'image superposable du pays lui-même, de façon à perdre le moins de temps et à rompre le moins possible le lien qui doit attacher l'armée à la nation elle-même.

Ah ! je le sais bien ! Vous allez nous apporter des objections d'ordre technique qui ont été opposées à toutes les transformations opérées antérieurement dans l'armée ; mais ce ne sont pas là les vraies raisons, c'est en réalité devant des raisons sociales et politiques que l'on hésite. (*C'est cela ! Très bien à l'extrême gauche*).

Si l'on ne veut pas rapprocher l'armée de la nation, si l'on ne veut pas organiser un système de recrutement et d'éducation militaires qui respecte le plus possible le citoyen et le producteur dans le soldat, c'est parce que l'on n'est pas résolu inflexiblement à pratiquer envers la démocratie laborieuse, envers les classes ouvrière et paysanne, une politique généreuse qui prévienne à jamais toutes les difficultés et tous les conflits. (*Applaudissements à l'extrême gauche*).

Je le sais bien, vous nous direz aussi qu'en répandant ainsi l'armée dans la nation, officiers, sous-officiers et soldats, nous risquons que l'armée soit envahie par la politique.

Mais n'en fait-elle pas maintenant ? Et, tout d'abord, cette grande armée de réserve dont on parle pour l'oublier soudain, n'est-elle pas mêlée incessamment à toute la vie du pays, à sa vie nationale, à sa vie politique ? Et je ne suppose pas que, malgré quelques exemples, vous ayez la prétention d'imposer une orthodoxie politique et sociale à tous vos officiers et à tous vos sous-officiers de réserve ?

Mais, dans l'armée active, dites-vous, il n'y a pas de politique ! Ah ! c'est la tactique profonde de tous les ennemis de la République et de la démocratie depuis deux ans de faire de la politique en ayant l'air de faire autre chose. Le clergé, lui, ne fait plus de politique ; il est rallié ; il s'occupe seulement de religion ; mais, sous prétexte de défendre les seuls intérêts religieux, il prépare des remaniements législatifs et parlementaires qui compromettraient la République elle-même. (*Applaudissements à l'extrême gauche*).

Et il en est ainsi de certaines coteries militaires puissantes. Ah ! elles ne font pas de politique ouvertement c'est vrai, mais, il est impossible de toucher aux conceptions d'ordre militaire qui sont l'expression, le résumé, la condensation de toute une politique ; il est impossible d'introduire, de proposer ou de faire proposer des conceptions militaires quelconques sans soutenir par là même une doctrine et une politique. On a dit l'autre jour — M. Raiberti rappelait le mot — : « L'armée est une grande muette ». Il y a, messieurs, des coteries militaires puissantes qui parlent beaucoup par délégation et par procuration. Elles ont des journaux puissants et répandus, violemment rétrogrades, qui accusent toute l'œuvre de la République depuis vingt ans et qui n'ont pas assez de défis, assez d'insolences, assez d'ironie pour ces politiciens, faiseurs de lois, qui veulent se mêler des choses de l'armée... (*Applaudissements à l'extrême gauche et sur divers bancs à gauche)…* qui raillent et qui attaquent tout ce que vous avez fait et affirmé dans le sens de la démocratie : et la réduction du service militaire, et l'égalité au moins partielle de ce service, et qui vous disent que jamais on n'aura d'armée si on ne refait de fond en comble, par une éducation chrétienne nouvelle, l'âme de la nation.

Ce sont ces mêmes organes si répandus et violemment rétrogrades qui, lors de l'incorporation d'un député, applaudissaient avec joie à cette première mainmise de l'autorité militaire sur la représentation nationale. (*Nouveaux applaudissements à l'extrême gauche*).

Elles ont leurs journaux ; elles ont aussi leurs orateurs qui viennent ici même, — et je les en loue, il faut toujours dire toute sa pensée, — non pas pour attaquer de front la République, c'est fini cela, mais pour insinuer que la pratique et l'organisation du grand commandement, que l'ordre et la règle nécessaires dans l'armée nationale pourraient bien être incompatibles avec l'esprit des institutions républicaines.

Elles ne font pas de politique, ces coteries ! Je dis qu'elles font toutes les politiques, excepté la politique républicaine. (*Applaudissements à l'extrême gauche*).

Alors nous vous demandons si vous serez longtemps dupes de ces choses et si, sous prétexte d'éviter une politique qui se fait en réalité et qui se fait contre vous, vous allez arrêter la pénétration de l'armée par l'esprit national, par le véritable esprit de la démocratie et du peuple. Il vous faut choisir, monsieur le président du conseil.

**M. Ribot.** *président du conseil, ministre des finances.* Mon choix est fait. (*Très bien ! très bien ! sur un grand nombre de bancs*).

**Jaurès.** Votre choix est fait, dites-vous ? Je reconnais là votre décision habituelle. (*Sourires à l'extrême gauche*).

Il vous faut choisir entre la petite armée de métier livrée à la réaction, telle que M. Delafosse la définissait, et l'armée nationale confondue avec la nation vivant de sa vie, faisant corps avec elle et seule capable de sauver et la République et la patrie. (*Vifs applaudissements à l'extrême gauche.*),

*(Journal Officiel,* 8 avril 1895).

## CAMARADES,

Pour faire connaître à tous les travailleurs ce qu'est le Collectivisme, il faut journaux, revues et brochures.

La *Savonnerie des Travailleurs,* est fondée dans le but d'aider au développement de ces trois éléments essentiels ; *tous ses bénéfices seront employés à la propagande socialiste.*

Par conséquent Camarades, achetez de préférence chez tous les Épiciers, Coiffeurs, Merciers, Herboristes et Bazars, le savon des *Trois Huit* et le savon du*Chambard.*

Le *Trois Huit* se vend 40 centimes le pain, sous l'enveloppe on trouve le portrait d'un député ou militant socialiste en magnifique photogravure.

Le *Chambard* se vend 20 centimes son étiquette représente un bûcheron abattant l'arbre du capitalisme.

*Par le savon socialiste*
*Combattons tous et sans retard*
*Le bourgeois, le capitaliste :*
*Gare aux Trois Huit ! Gare au Chambard !*

ISBN : 978-1522805786

Jean Jaurès